AF331187

FÊTE
DE LA VIEILLESSE.

« Rien ne maintient plus les mœurs qu'une extrême
» subordination des jeunes gens envers les vieillards.
» Les uns et les autres seront contenus, ceux-là par
» le respect qu'ils auront pour les vieillards, et ceux-ci
» par le respect qu'ils auront pour eux-mêmes. »

MONTESQUIEU.

DISCOURS

Prononcé le 10 fructidor, an VI, à la fête de LA VIEILLESSE *, célébrée par l'administration municipale du premier arrondissement de Paris.*

SALUT, vénérables vieillards, objets des hommages d'un grand peuple! Salut, enfans à la mammelle, qui, dans les bras de vos mères, venez sourire à notre piété filiale! Salut, courageux soldats, héros qui êtes la terreur du monde, et qui, après avoir enchaîné la fureur des rois, venez offrir des fleurs à l'auguste vieillesse! Salut, philosophes sensibles, artisans vertueux, frères de tous les âges, dont les yeux fixés sur vos pères, commandent l'attendrissement et le respect ! Salut, magistrats zélés, dont le civisme et l'enthousiasme président aujourd'hui la fête sublime que la toute-puissante république célèbre en vénération du grand âge !

Vertus, qui enfantâtes le siècle de la philosophie, salut ! Donnez le mouvement et la chaleur aux inspirations de la liberté sainte ; soutenez les touchantes expressions dont ici le sentiment abonde et qu'il adresse à l'âge révéré par tous les êtres sensibles et dans tous les climats.

C'est vous, respectables vieillards, que nous célébrons ; vous êtes ici des pères que des enfans chérissent : nous voyons dans vos corps courbés le poids de la raison que les années ont fait murir en vous ; dans vos cheveux blanchis, nous admirons l'éclat, l'innocence et la pureté de vos mœurs ; dans les rides nombreux qui sillonnent vos visages, nous comptons vos innombrables veilles, vos vertus, vos bienfaits ; votre auguste maintien nous révèle l'attitude bienfaisante que vous avez tenue au milieu des hommes durant le cours de vos ans. Cette sérénité qui brille sur vos fronts, cette candeur, cette modestie, ce sourire des belles ames qui vous animent, cette allégresse que notre piété filiale vous inspire, semblent rajeunir vos organes et vous donner une autre existence. Oui, sensibles et vertueux vieillards, soyez attendris : c'est le premier peuple du monde qui solemnise votre âge ; c'est le gouvernement le plus glorieux et le plus redouté qui préside aux hommages que nous vous rendons ; c'est la république française qui se prosterne aux pieds des vieillards, qui en proclame les belles actions et le bonheur, oui, le bonheur, le bonheur de la vieillesse. Derrière vous sont écoulées nombre d'années pures qui remplissent sans remords le gouffre du passé ; le présent vous environne, vous célèbre et vous loue ; devant vous est le repos de l'éternité : tandis que vos membres fatigués se traînent sur la terre, et commandent la vénération, le ciel contemple vos cheveux argentés, et vous ouvre le sanctuaire destiné au juste. C'est avec l'œil de la sagesse et de l'expérience que vous jugez le passé ; plus initiés dans les secrets de la nature, vous embrassez l'avenir ; cet avenir, vous le savez, est celui de la paix, de la récompense, de l'immortalité. Les bienfaits que vous aurez répandus parmi nous, les vertus que vous aurez cultivées, se perpétueront dans les cœurs de vos familles, de vos amis, de vos disciples ; vous vivrez toujours dans la reconnoissance des belles ames ; le souvenir du bien ne meurt jamais.

Bonheur de la vieillesse, prête l'oreille à nos chants civiques ; la plus immortelle république te salue. Age révéré, c'est toi que Lycurgue, ce génie de la liberté lacédémonienne, choisit pour législateur ; c'est toi qu'il établit juge du courage des jeunes gens, afin de rendre la vieillesse de ceux-là plus honorable que la force de ceux-ci. Non, l'Achile qui fend la mélée dans son élan impétueux, n'est point à comparer au Nestor qui l'attendrit par sa sagesse et son éloquence.

A Sparte, tous les vieillards étoient censeurs ; on trouvoit dans chacun d'eux l'affection, les soins et les avis d'un père. Ah ! soyez les restaurateurs de nos mœurs, les oracles et les gardiens de nos lois ; soyez autant d'aréopages que vous êtes d'octogénaires. Age de la sagesse, c'est toi qui jouissois dans l'ancienne Rome de priviléges particuliers ; c'est à ton aspect que se découvroient, que se prosternoient les peuples libres de l'antiquité ; c'est à toi qu'ils rendoient des honneurs presque divins ; tu en étois l'oracle.

C'est toi que des peuples modernes, les plus éloignés de l'état de civilisation, choisissent encore aujourd'hui pour conseil et pour chef.

Tes droits sont en vénération jusqu'au sein des peuplades féroces, qui ne commencent leurs travaux, leurs courses de chasse, et ne lancent qu'après ton signal leurs javelots meurtriers.

Vieillards, instruits par le temps, les fatigues, et souvent les malheurs, vous êtes les magistrats naturels de la société : en contemplant vos vertus, notre moral doit appercevoir ses fautes, comme nous appercevons les imperfections de nos physiques dans le miroir qui les réfléchit.

Age d'or de la raison, le respect qu'inspiroit à ses enfans, pour toi, cette cité qui fut la maîtresse du monde, élevoit les ames et soutenoit ton courage : c'est l'encens prodigué aux vertus, qui enfante l'héroïsme. Paroissez à nos yeux, nombreux vieillards, sénateurs magnanimes, immobiles sur vos chaises curules, attendant sans effroi la mort, et massacrés par les cruels esclaves de Brennus.

Martyrs immortels, montrez-nous vos membres épars, et s'offrant encore aux dieux pour la liberté de Rome : vous pérîtes glorieux, parce que la vénération qu'on avoit pour votre âge, vous le commandoit.

Prodige héroïque de vertu et de dévouement patriotique des vieillards romains, sois aujourd'hui proclamé sur tout le sol français ; frappe tous les cœurs d'une admiration salutaire ; imprime le desir de mériter la vieillesse, et de l'honorer, s'il le falloit, comme les sénateurs de Rome , par un acte immortel qui fût gravé sur l'airain et dans les annales des peuples libres.

Le vieillard *!!* sa tête penchée sous la faulx du temps , est souvent encore un foyer de conceptions hardies , d'audace , de discernement et de pensées lumineuses. Les exemples se pressent sous ma plume ; l'*Irène* du philosophe de Ferney , à son dix-septième lustre , est celui qui prend place.

Le vieillard *!!* son aspect fait pâlir le méchant : devant les cheveux et la majesté du vertueux Coligni , les meurtriers reculèrent épouvantés d'eux-mêmes ; il fallut le délire de la cruauté , il fallut des bourreaux armés par des prêtres féroces, il fallut l'ordre ensanglanté d'un roi barbare, d'un roi fameux parmi les monstres , pour consommer l'attentat, pour outrager la nature , pour affliger les siècles dans le meurtre du respectable Coligni.

La vieillesse *! !* les temps sont pleins de sa grandeur : les républiques anciennes m'ouvrent leurs temples , les codes de leurs institutions , et je suis transporté d'admiration devant les hommages qu'on y rend à la vieillesse. Mais que dis-je! temps écoulés de l'héroïsme, disparoissez devant le siècle-prodige des Français, devant la gloire qu'ont obtenue la raison et la philosophie, malgré les obstacles.

Jours éclipsés de l'antique univers, cessez de distraire mon brulant pinceau; elle doit l'occuper tout entier l'aurore de la liberté de mon immortelle patrie. Quel état libre, dans l'élan de sa grandeur et de sa renommée, a plus donné de preuves de sa vénération pour la vieillesse, que le peuple français? La charte constitutionnelle est un monument élevé, pour ainsi dire, au grand âge; en constituant nos droits et nos devoirs politiques, elle constitue le respect dû à nos aînés. La loi naturelle qui préside à l'intelligence humaine, a mis en loi politique la déférence qu'a l'instinct, comme la civilisation, pour le plus avancé en âge. Lorsque la nature sort de son léthargique assoupissement, que la sève créatrice de germinal fermente dans tous les êtres, que la grande nation, avec les premiers feux du globe étincelant, reprend l'exercice de ses droits imprescriptibles et les faisceaux de sa souveraineté, chaque parcelle, chaque atôme de ce grand peuple se constitue indépendant, sous l'œil régulateur des doyens d'âge, et le plus jeune leur est attaché et soumis; double leçon donnée à des frères, à des fils, à des citoyens qui doivent respecter avant tout la nature.

Mais quel plus frappant et immortel exemple du respect de la nation française pour le grand âge, qu'un sénat créé au milieu d'elle, sous le titre vénérable de *Conseil des Anciens!* Prosternez-vous, nations, devant celui qui, le premier, conçut l'idée de renouveller parmi nous cette institution des temps héroïques. Déjà l'observateur a pu calculer combien la maturité de l'homme est protectrice du mieux, mise en opposition à la fougue de la jeunesse, à l'exaltation du génie.

Le conseil des anciens est un astre créé pour la gloire de la vieillesse et de la législation : il est donc vrai que les meilleures institutions politiques sont décrétées par la nature.

Il est donc vrai que la république française a déjà proclamé son desir d'éclipser désormais dans ses institutions les beaux jours de la Grèce et de Rome.

Pères et mères, instituteurs et institutrices, dépositaires sacrés de la génération qui naît, flambeaux chéris des cœurs de l'enfance, donnez ici l'exemple des vertus, appellez le sentiment, inspirez la tendresse, provoquez les affections filiales, rangez autour de ces vieillards vénérés les jeunes êtres dont vous êtes les dieux tutélaires ; leur héroïsme, leur gloire et leur félicité dépendent de votre exemple, les premières impressions sont ineffaçables ; faites honorer la vieillesse par les enfans de la liberté : l'éducation n'est plus dans cette vile hypocrisie, dans ce cloaque d'impostures, d'aveuglement, de fanatisme et de bassesse que le régime des rois et les sicaires du vatican commandoient aux stupides mortels ; c'est une éducation nationale, ce sont des vertus paisibles, c'est une philosophie douce et tolérante, ce sont des habitudes populaires, désintéressées et courageuses ; c'est l'amour de la gloire qu'il faut inspirer à vos disciples ; c'est le dieu de la nature, celui des arts, du travail et de l'indépendance qu'il faut leur faire adorer. Vous étes comptables envers la patrie, envers les générations futures du dépôt qui vous est confié. Qu'ils sont criminels et meurtriers envers l'avenir ces êtres cupides qui, mentant à leur conscience et à la raison, propagent encore leur doctrine malfaisante, l'exécrable poison du fanatisme, en haine de la république et de tout gouvernement raisonnable.

Aimez, pères et mères, directeurs de l'enfance, aimez un régime qui prépare à ce que vous avez de plus cher, l'indépendance, le bonheur et la gloire sociale ; et la surveillance paternelle de l'autorité publique gravera sur les colonnes que la reconnoissance des hommes libres vous élevera bientôt, les titres particuliers que vous avez à l'estime des siècles.

Avec les auteurs de vos jours, avec tous ceux qui environnent vos berceaux, qui éclairent vos pas incertains, venez, jeunes enfans, espoir chéri de la grande nation, venez aux pieds des vieillards baigner leurs genoux des pleurs de l'allégresse, leur offrir l'hommage le plus pur, celui de l'innocence ; qu'ils soient, pour vos jeunes cœurs, ces vénérables vieillards, les premiers instituteurs, les premiers magistrats que vous devez honorer.

Qu'il est auguste et touchant le spectacle de l'enfance rendant un hommage solemnel aux pères de la société, aux vieillards !

Vi ez, pères chéris, augustes doyens de l'espèce humaine, pour épouvanter les méchans, et recevoir les constans hommages des enfans de vos fils.

Vivez au milieu de nous en modèles, comme l'instituteur philosophe vit au sein de ses élèves ; comme ces palmiers majestueux qui embellissent des vallons odorans, et protègent de leur ombre les jeunes et débiles plantes.

Vivez pour voir punir les tyrans ligués contre la patrie, et les insectes venimeux qui déchirent son sein ; pour nous apprendre à braver les périls et à mourir en sages, loin du souffle empoisonné de ces mercenaires apôtres du mensonge, de ces criminels propagateurs d'une superstition meurtrière et honteuse pour l'humanité.

Vivez pour désigner au burin de l'histoire les belles actions; à l'estime publique le législateur fidèle, le magistrat incorruptible, le citoyen vertueux.

Vivez pour chérir les flambeaux du cœur humain, admirer ces philosophes consacrés au bonheur de leurs semblables, répandre des fleurs sur les tombeaux de ceux qui périssent au champ de la véritable gloire, celle des Régulus, des Catons, des Sidney.

Vivez pour l'exemple des mœurs et la vénération du sage; et qu'au souvenir de vos vertus, à l'aspect de vos chevelures blanchies, le passant s'arrête et s'incline.

Vivez pour la douce paix que les armes françaises doivent donner au monde; oui, la paix, la paix des hommes libres. De même que le bien n'est jamais sans récompense; de même que, malgré la faulx du trépas, les prodiges de la création se perpétuent, de même les fléaux de la guerre ne sont point à l'abri des ravages de la destruction : le malheur a son terme, comme l'héroïsme a son degré de gloire.

Oui, la douce paix planera bientôt sur l'univers pour le consoler ; alors tous les cœurs vertueux s'écrieront avec Pythagore : *il ne faut plus faire la guerre qu'aux maladies du corps, à l'ignorance de l'esprit, aux passions du cœur, aux séditions des villes et à la discorde des familles.* Alors il donnera, ce grand peuple, aux institutions conservatrices de sa gloire, cet essor sublime que le génie et l'enthousiasme peuvent seuls imprimer à l'esprit public et national ; alors nos guerriers mutilés et chéris, nos triomphateurs célébrés, nos enfans dans les bras de leurs pères, attendrissant les cieux de leurs chants solemnels, rediront dans leur allégresse : VIVE LA RÉPUBLIQUE, OÙ LES VIEILLARDS PRÉSIDENT !

—

MOUSSARD, *administrateur municipal, employé au ministère des relations extérieures.*

De l'imprimerie du Fauxbourg Honoré.